Dieses Buch gehört:

_____

Alle Tipps und Informationen in diesem Buch
sind sorgfältig ausgewählt und geprüft.
Dennoch können weder Urheber noch Verlag
eine Garantie übernehmen. Eine Haftung für
Personen-, Sach- und Vermögensschäden
ist ausgeschlossen.

5 4 3 2 1   16 15 14 13 12
ISBN 978-3-649-60893-6
© 2012 Coppenrath Verlag GmbH & Co. KG, Münster
Alle Rechte vorbehalten, auch auszugsweise
Redaktion: Susanne Tommes
Printed in Hungary
www.coppenrath.de

Holger Haag

Das kleine Buch für
Strandforscher

Mit Bildern von Katharina Drees

COPPENRATH

Hallo, Strandforscher!
Hallo, Strandforscherin!

Am Strand gibt es viel zu entdecken: Fußspuren im Sand, Muscheln und Schneckenhäuser, Vögel, merkwürdige Pflanzen und vieles mehr. Hast du Lust, auf eine spannende Entdeckungstour zu gehen? In diesem Buch findest du jede Menge Wissenswertes. Dazu gibt's praktische Beobachtungstipps und Experimente.

Viel Spaß!

Deine Strandforscher-Ausrüstung

Bevor's losgeht, stellst du dir deine Ausrüstung zusammen.
Du brauchst:

- Gummistiefel oder Gummisandalen
- einen Rucksack mit Proviant und einer Trinkflasche
- einen Kescher
- eine Lupendose
- eine Schaufel
- einen Eimer
- einen Sonnenhut
- Sonnencreme

Woher kommt das Salz?

Hast du Meerwasser schon mal probiert? Dann hast du bestimmt festgestellt, dass es ganz salzig schmeckt. Doch wie kommt das Salz ins Meer? Das Salz stammt aus Steinen. Im Laufe vieler Millionen Jahre ist es ausgewaschen und von den Flüssen ins Meer gespült worden.

Tipp: Fülle 1 l Meerwasser in einen Topf und koche es dann so lange, bis es vollständig verdampft ist. Übrig bleiben etwa 30 bis 35 g Salz. Ganz schön viel! Wichtig: Führe dieses Experiment nur mit Hilfe eines Erwachsenen durch!

Welche Farbe hat das Meer?

Klares Wasser ist farblos. Große Mengen klares Wasser, wie zum Beispiel das Mittelmeer oder ein Bergsee, erscheinen jedoch blau. Das hat etwas mit dem Sonnenlicht zu tun. Es besteht aus vielen verschiedenen Farben. Wenn es auf eine große Wassermenge trifft, werden nur die blauen Anteile des Lichts zurückgeworfen. Je tiefer das Wasser ist, desto dunkler wird das Blau.

Wenn Sand, Schlick und Algen im Wasser herumschweben, wie etwa in der Nordsee, erscheint das Wasser grau, braun oder grün.

Tipp: Fülle ein Eimerchen oder ein Glas mit trübem Wasser, lass es ruhig stehen und warte ab. Nach ein paar Stunden siehst du, wie viel Sand sich am Boden abgesetzt hat.

Verschiedene Küsten

Küsten sehen ganz unterschiedlich aus: Manchmal gibt es einen Sandstrand, manchmal Felsen. Die Kraft des Meeres verändert die Küste auf verschiedene Weisen:

An einigen Stellen spülen die Wellen alles weg, was leicht oder locker ist, zum Beispiel Sand, Erde und kleine Steine. Dann bleiben nur die harten Felsen übrig.

An anderen Stellen tragen die Wellen Sand aus dem Meer an die Küste, sodass neues Land entsteht, etwa ein Sandstrand.

Wie entsteht Sand?

Regen, Wellen und Frost brechen immer wieder kleinere Stücke
von großen Steinen ab. Diese kleinen Gesteinsteile reiben in den
Wellen aneinander. Dabei werden ihre Ecken und Kanten rund
geschliffen. Mit der Zeit werden die Steine immer kleiner und
kleiner, bis sie die Größe eines Sandkorns haben. Wenn du dir ein
Sandkorn unter der Lupe ansiehst, erkennst du, dass es ein win-
zig kleiner Stein ist.

Im Sand findest du jedoch auch zermahlene Schalen von
Muscheln und Schnecken. Kannst du sie von den Sandkörnern
unterscheiden?

Was ist das Watt?

Etwas ganz Besonderes ist das Watt. Hier geht das Land ganz flach ins Wasser über. Bei Ebbe (Niedrigwasser) fallen dann große Gebiete trocken, die vor wenigen Stunden noch Meeresboden waren. An der Nordsee ist das besonders gut zu sehen, denn hier gibt es die größten Wattflächen der Welt. In diesem Gebiet zwischen Land und Meer leben Muscheln, Würmer und Krebse.

Flüsse im Meeresboden

Bei einer Wattwanderung sind dir vielleicht schon kleine Bäche und Flüsse im Watt aufgefallen. Sie werden Priele genannt und durchziehen den Wattboden. Bei Ebbe fließt das Wasser durch die Priele ins Meer ab, bei Flut laufen die Priele voll, sodass das Watt überschwemmt wird.

Achtung: Erkunde das Watt niemals ohne einen erfahrenen Wattführer! Denn für alle, die sich nicht auskennen, können die Priele gefährlich werden. Sie laufen sehr schnell voll und du könntest darin ertrinken. Außerdem können sie dir den Weg zurück an den Strand abschneiden.

9

Watt gleich Watt?

Der Wattboden kann sehr unterschiedlich sein, je nachdem wie groß oder klein die Sandkörner sind, die sich abgelagert haben:

Im **Sandwatt** ist der Boden ganz fest, die Sandkörner sind groß. Du kannst bequem laufen und sinkst nicht ein.

Das **Mischwatt** erkennst du gut an den vielen Häufchen des Wattwurms. Hier ist der Untergrund nicht ganz so fest wie im Sandwatt, sodass deine Zehen im Boden einsinken. Die Sandkörner sind etwas kleiner als im Sandwatt.

Im **Schlickwatt** haben sich die kleinsten Teilchen abgelagert. Hier ist es richtig matschig und du sinkst bis über die Knöchel ein.

Wir erforschen den Wattboden

Wenn du mit deinem Schäufelchen im Wattboden gräbst, wirst
du feststellen, dass sich die Farbe des Sandes verändert. Die
obere Schicht ist sandbraun, darunter ist der Sand grau bis
schwarz und ganz unten fängt er an zu stinken. Wie kommt das?
Je mehr Luft der Sand enthält, desto heller sieht er aus.

11

Blinde Kuh

Da die Wattflächen an der Nordsee so groß sind, kannst du dich leicht verlaufen – vor allem dann, wenn das Wetter schlecht ist oder starker Nebel herrscht. Dann siehst du kein Haus und keinen Leuchtturm mehr, an dem du dich orientieren kannst. Probier es aus! Versuche, mit verbundenen Augen ein Stück geradeaus zu laufen. An deinen Spuren im Sand kannst du später erkennen, wo du hergelaufen bist. Weil die Schritte deines stärkeren Beins immer etwas größer sind, läufst du in einem großen Bogen im Kreis.

Tatort Strand

Auf dem Wattboden oder am Strand gibt es jede Menge Spuren zu entdecken. Aber zu welchen Tieren gehören sie? Mit Lupendose, Kescher und Fernglas kannst du wie ein Detektiv herausfinden, wer hier gewesen ist.

Tipp: Halte Ausschau nach Fußabdrücken von Vögeln, Löchern von Vogelschnäbeln, Laufspuren von Krebsen, Kriechspuren von Schnecken und kleinen Häufchen von Würmern. Auf den nächsten Seiten lernst du einige Tiere kennen.

Mit Haus unterwegs: Schnecken

Schnecken erkennst du leicht an ihrem spiralförmig gewundenen Schneckenhaus. Am leichtesten findest du die Gehäuse im Spülsaum am Strand.

Wattschnecke

Die **Wattschnecke** ist die kleinste, aber häufigste Schnecke. Sie wird nur so groß wie ein Reiskorn (6 mm) und kommt zu Tausenden auf dem Wattboden vor. Mit der Lupendose kannst du sie gut beobachten. Bei Ebbe gräbt sie sich zum Schutz vor Vogelschnäbeln und der Sonne im Boden ein.

Nur nicht austrocknen!

In der Nähe von Steinen und Hafenmauern kommen häufig die
Strandschnecken vor. Sie knabbern die Algen von der Sand- oder
Steinoberfläche ab. Wenn sie länger nicht vom Wasser überspült
werden, verschließen sie ihr Gehäuse mit einem Deckelchen. So
können sie drei Wochen überstehen, ohne auszutrocknen.

Strandschnecke

15

Wie leben Muscheln?

Muscheln haben immer zwei Schalenhälften. Daran kannst du sie gut von den Schnecken unterscheiden. Die meisten Muscheln leben gut geschützt im Sand. Über eine Art Schnorchel saugen sie das Meerwasser ein. Daraus filtern sie alles, was sie zum Leben brauchen: Sauerstoff, Plankton (= Algen und kleine Tiere).

Muscheln sind beweglicher, als sie aussehen. Hast du gewusst, dass sie sich mit einer Art Fuß eingraben können? Buddele mit deinem Schäufelchen ein paar Muscheln aus und lege sie in eine Pfütze. Nach kurzer Zeit graben sie sich wieder ein. Welche ist am schnellsten?

Grabefuß

16

Wie heißen sie?

Am häufigsten findest du die **Herzmuschel** im Watt. Sie lebt nur 1 cm tief im Boden. Schaust du dir die Muschel von der Seite an, weißt du, woher sie ihren Namen hat.

Herzmuschel

Die Schalenhälften der **Baltischen Plattmuschel** sind rot verfärbt. Darum wird sie auch Rote Bohne genannt. Du findest aber auch gelbe oder grünliche Muschelschalen. Sie sind meistens 4 bis 5 cm tief vergraben.

Baltische Plattmuschel

17

Gut festhalten!

Nicht im Sand, sondern auf dem Wattboden lebt nur eine einzige Muschelart: die **Miesmuschel**. Um nicht von den Wellen an den Strand gespült zu werden und dort zu vertrocknen, heftet sie sich mit sehr stabilen Fäden (Byssusfäden) an Steinen oder anderen Miesmuscheln fest. So können große Miesmuschelbänke entstehen. In einer Stunde kann sie 1 Liter Wasser nach Nahrung durchfiltern.

Tipp: Fülle Meerwasser in deinen Eimer und lege ein paar Muscheln hinein. Bald öffnen sich die Schalenklappen und die Muscheln filtern das Wasser.

Komm, wir basteln!

Ein schönes Andenken an den Urlaub ist eine Muschel- und Schneckenkette. Dafür sammelst du die schönsten Muschelschalen und Schneckengehäuse, die du finden kannst. Im Spülsaum liegen bestimmt noch andere schöne Dinge herum. Einige haben vielleicht schon ein Loch, durch das du einen Faden ziehen kannst. Ansonsten musst du noch ein kleines Loch hineinbohren. Deine Eltern helfen dir sicher dabei.

Woher kommen die Kringel im Sand?

Bestimmt sind dir schon die kleinen Kringel und Häufchen im Sand aufgefallen. Viele Wattwanderer halten sie für Würmer. Aber sie bestehen nur aus Sand. Sie stammen von einem Wurm, der 20 cm tief im Boden lebt: dem **Wattwurm**. In seiner L-förmigen Röhre frisst er viel Sand. Sobald er die darin enthaltenen Tiere und Algen herausgefiltert hat, gibt er den Sand als Häufchen an die Oberfläche ab.

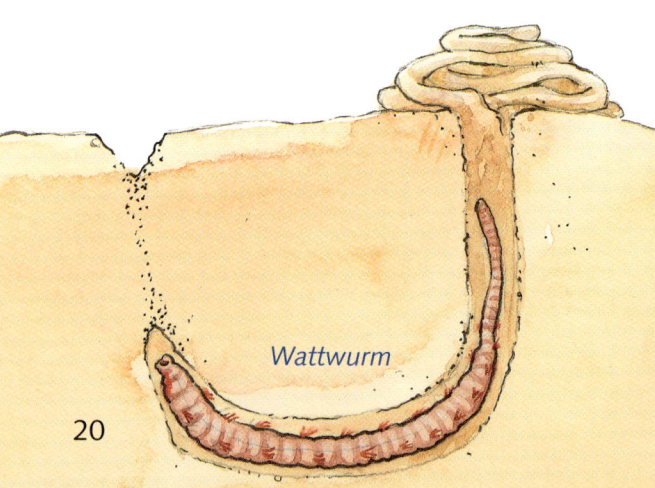

Wattwurm

Tipp: Wenn du dir einen Wattwurm ansehen willst, bitte einen erfahrenen Wattführer, dir beim Ausgraben zu helfen, damit du den Wurm mit deinem Schäufelchen nicht verletzt.

Noch mehr merkwürdige Spuren

Beim Graben im Wattboden stößt du sicher noch auf andere Würmer.

Seeringelwurm

Mit seinen Stummelfüßen sieht der **Seeringelwurm** aus wie ein langer Tausendfüßer. Auf dem Rücken kannst du eine dicke rote Linie, ein Blutgefäß, erkennen. An der Oberfläche hinterlässt er manchmal geweihförmige Kriechspuren.

Kleine schwarze Häufchen hinterlässt der **Kotpillenwurm** auf dem Wattboden – vor allem da, wo es schlickig wird. Der Kotpillenwurm ist 5 bis 10 cm lang und dünn wie ein Faden. Wegen seiner roten Farbe und der erstaunlichen Dehnbarkeit wird er auch scherzhaft Gummibandwurm genannt.

Kotpillenwurm

Ganz verschieden: Krebse

Krebse sind eine eigenständige Tiergruppe. Leider kann man sie nicht so einfach erkennen, wie etwa Vögel an ihren Federn. Fest steht: Krebse sind Krustentiere. Sie haben einen festen Panzer und auf jeden Fall mehr als vier Beinpaare.

Häufig ist die **Strandkrabbe**, aber nicht so einfach zu entdecken. Schnell gräbt sie sich im Sand ein. Schau in flachen Prielen oder in Meerwasserpfützen mit größeren Steinen nach. Dort versteckt sie sich oft. Aber Vorsicht vor den Scheren, die zwicken!

Die **Seepocke** sieht aus wie ein weißer Kegel, der an einem Stein, einem Stück Holz oder einer Miesmuschel festsitzt. Bei Flut filtert sie mit ihren Fangarmen Nahrung aus dem Wasser.

Seepocke

Strandkrabbe

22

Tarnung ist alles!

Um nicht so schnell von Feinden entdeckt zu werden, haben sich einige Krebse etwas ganz Besonderes einfallen lassen:

Der **Einsiedlerkrebs** versteckt seinen weichen, empfindlichen Hinterleib oft im Gehäuse einer Strandschnecke. Wächst der Krebs, muss er in ein größeres Schneckenhaus umziehen.

Garnelen sind längliche Krebse. Mit deinem Kescher kannst du sie leicht in einem Priel fangen. Garnelen sind Meister der Farbanpassung. Setze ein paar Garnelen in deinen mit Sand und Wasser gefüllten Eimer. Die Garnele nimmt die Farbe des Sandes an. Tausche den Sand gegen Muschelschalen oder Steine aus und schau zu, wie die Garnele versucht, sich dem Untergrund anzupassen.

Einsiedlerkrebs

Garnele

23

Quallen — glitschig und elegant

Ohrenqualle

Kompassqualle

Blaue Nesselqualle

Feuerqualle

Wenn sie durchs Wasser gleiten, sehen Quallen richtig elegant
aus. Mit ihren langen Tentakeln sammeln sie Nahrung aus dem
Wasser. Bei der **Feuerqualle**, **Kompassqualle** und **Blaue Nesselqualle** solltest du aufpassen. Berührst du ihre Tentakel, brennt es
auf deiner Haut. Zum Glück sind die meisten Quallen in der
Nordsee ungefährlich – wie die schöne **Ohrenqualle**. Wenn
Quallen an Land gespült werden, vertrocknen und sterben sie.
Weil sie fast nur aus Wasser bestehen, bleibt nach ein paar Tagen
nur ein dünnes Häutchen übrig.

Der Seehund

Mit 170 cm Länge und bis zu 150 kg Gewicht ist der Seehund eins der größten Tiere in der Nordsee. Bei Ebbe liegen die See- hunde auf den Sandbänken und ruhen sich aus. Das kannst du am besten beobachten, wenn du an einer Kutterfahrt teilnimmst.

Wenn du mal einen jungen Seehund (Heuler) am Strand finden solltest, lass ihn bitte liegen. Die Mutter ist sicher nicht weit und holt ihr Kleines ab, sobald niemand mehr stört. Wenn du dir un- sicher bist, ob das Tier nicht doch Hilfe braucht, gib der Kurver- waltung Bescheid.

Brüten und behüten

Im Frühjahr ziehen die Brutvögel ihre Jungen an der Küste groß. Zu ihnen gehören sowohl die Vögel, die extra zum Brüten hierher kommen, als auch die Arten, die das ganze Jahr über an der Küste leben.

Die Vögel, die du auf dieser Doppelseite sehen kannst, sind typische Küstenvögel. Sie bauen ihr Nest auf dem Boden. Manchmal ist es nur eine Mulde mit Steinen wie bei den Seeschwalben. Einige Vogelarten brüten in den Salzwiesen, andere zwischen Steinen, am Strand oder in den Dünen.

Die größte Gefahr für die Nester ist das Wasser, das Eier und Küken wegschwemmen könnte. Das passiert manchmal im Frühjahr, wenn ein Sturm hohe Wellen weit ins Land spült.

Lachmöwe

Austernfischer

Küstensee-schwalbe

Einsam oder gemeinsam?

Doch nicht nur das Wasser kann Eiern und Jungvögeln gefährlich werden. Auch Füchse, Greifvögel und Silbermöwen klauen gern ein Ei. Um sich vor diesen Feinden zu schützen, haben die Küstenvögel verschiedene Möglichkeiten:

Rotschenkel zum Beispiel vertrauen ihrer guten Tarnung. Sie brüten allein und gut versteckt in der Salzwiese oder am Strand.

Auffällige Vögel wie Möwen, Seeschwalben und Säbelschnäbler brüten dagegen in Kolonien. Wenn sich ein Feind nähert, wird er durch lautstarkes Geschrei in die Flucht geschlagen.

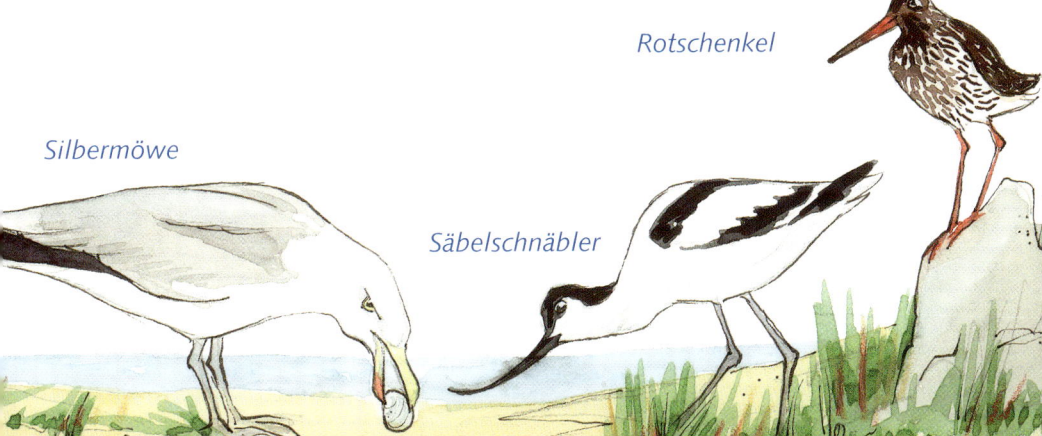

Rotschenkel

Silbermöwe

Säbelschnäbler

Viel unterwegs: Zugvögel

Im Frühling und im Herbst begegnest du im Watt Millionen von Zugvögeln, meist Watvögeln. Viele von ihnen brüten im Sommer hoch im Norden. Dort ist viel Platz und es gibt genug zu fressen, um die Jungen groß zu ziehen. Den Winter verbringen sie im Süden, zum Beispiel in Afrika. Um so weite Strecken fliegen zu können, müssen sie zwischendurch rasten. Das Wattenmeer ist dafür ideal.

Ringelgans

Alpenstrand-
läufer

Sanderling

Knutt

Wie der Schnabel gewachsen ist

Die Schnäbel der Watvögel sind unterschiedlich lang und dick.
Das hängt meist damit zusammen, was sie fressen. Je länger der
Schnabel, desto tiefer kann man damit nach dicken Würmern im
Boden stochern, wie der Große Brachvogel oder die Pfuhlschnepfe.
Die Regenpfeifer mit ihren kurzen Schnäbeln suchen lieber auf
der Bodenoberfläche nach Futter, das sie mit ihren großen Augen
leicht ausfindig machen können. Der Schnabel des Austernfischers
(Seite 26) ist so hart, dass er damit Muscheln aufhacken kann.

Großer Brachvogel

Pfuhlschnepfe

Kiebitzregenpfeifer

Überlebenskünstler

Die Pflanzen an der Küste haben es nicht leicht. Sie werden vom Wind zerzaust, mit Sand angepustet und mit Salzwasser überflutet. Vor allem das Salz ist eigentlich Gift für die Pflanzen, da es sie daran hindert, lebenswichtiges Süßwasser aufzunehmen. Um hier wachsen zu können, haben sie aber Möglichkeiten gefunden, das Salz wieder loszuwerden:

Der **Strandflieder** kann das Salz über Drüsen ausscheiden. Vielleicht erkennst du die kleinen Salzkristalle auf den Blättern.

Strand-flieder

Die **Strandaster** lagert das Salz in ihren ältesten Blättern und wirft sie dann ab.

Strandaster

Sand, Sand, Sand

Andere Pflanzen müssen vor allem mit dem vielen Sand fertig werden, zum Beispiel der **Strandhafer**. Seinen festen Blättern können die Sandkörner nichts anhaben. Wenn der Strandhafer mit Sand zugeweht wird, wächst er einfach durch ihn hindurch. Weil seine Wurzeln den Sand am Boden festhalten, werden Dünen mit Strandhafer bepflanzt. So können sie nicht vom Wind abgetragen werden und schützen das Land dahinter vor Überflutung.

Strandhafer

Inhaltsverzeichnis